Idee und Text: Émilie Beaumont, Marie-Renée Guilloret
Illustrationen: Colette Hus-David, Isabella Misso, Ginette Hoffmann
Übersetzung aus dem Französischen: Regina Enderle
Cover: rincón2 Medien GmbH, Köln

© Genehmigte Sonderausgabe für
Tandem Verlag GmbH,
Birkenstraße 10, D-14469 Potsdam
Gesamtherstellung: Tandem Verlag GmbH, Potsdam
© Editions Fleurus, Paris
Titel der französischen Ausgabe: L'imagerie des enfants du monde
Alle Rechte vorbehalten.

ISBN 978-3-8427-0328-5

Entdecken • Erfahren • Erzählen

Kinder der Welt

KINDER AFRIKAS

AFRIKA

Afrika ist ein großer Kontinent, den das Mittelmeer von Europa und das Rote Meer von Asien trennt. Die Landschaften unterscheiden sich stark.

HASSAN, EIN JUNGE AUS MAROKKO

Sein Land ist dem Meer zugewandt, doch es gibt auch hohe Berge und eine riesige Wüste: die Sahara.

Die Marokkaner fahren in den Bergen des Hohen Atlas Ski.

Die Wüste gehört zu den trockensten Gegenden der Erde.

In den großen Städten wie Marrakesch herrscht viel Trubel.

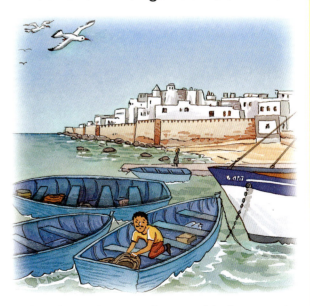

An den Küsten liegen Häfen und bei Touristen beliebte Städte.

HASSANS DORF

Hassan lebt in einem Dorf im Süden Marokkos unweit des Meeres.
Die Häuser aus Lehm sind weiß gestrichen.

Im Sommer ist es sehr heiß und die Dorfbewohner sitzen im Schatten zusammen. Nachts schläft Hassans Familie auf ihrer Dachterrasse.

 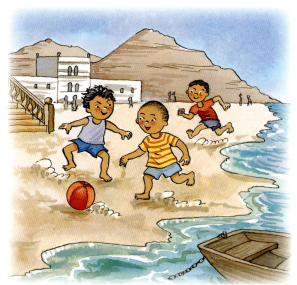

Wenn Hassan durch das Dorf zu seinen Freunden an den Strand läuft, grüßt er den Metzger und den Gemüsehändler. Hier kennt jeder jeden.

HASSAN GEHT ZUR SCHULE

Hassan geht täglich zur Schule. Einige Kinder vom Land, vor allem Mädchen, können das nicht: Sie müssen ihrer Mutter helfen.

Hassan lernt Arabisch und Französisch lesen und schreiben.

Hassan hat Glück: Seine Schule besitzt einen Computer.

Alle Kinder seiner Klasse lernen, wie man auf der Darbouka spielt.

Sein Freund Malik muss mehrere Kilometer nach Hause laufen.

EIN SPAZIERGANG DURCH FES

Ein- oder zweimal im Jahr besucht Hassan seinen Cousin Amir in der großen Stadt Fes. Er spaziert mit ihm durch die Altstadt; sie heißt Medina.

Das große Tor ist der Eingang zur Medina. Hassan und Amir gehen in das Gerberviertel und sehen zu, wie das Leder gefärbt wird.

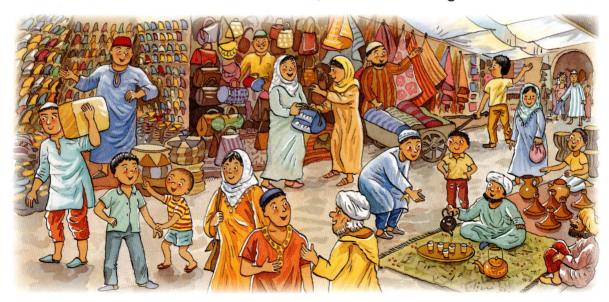

Die beiden bummeln über den Souk, auf dem Händler und Handwerker ihre Waren anbieten. Hassan bleibt bei einem Sandalenverkäufer stehen.

DIE MAROKKANISCHE KÜCHE

Hassans Mutter bewirtet gerne Familie und Freunde. Die Vorbereitungen für ein Festmahl dauern manchmal mehrere Tage.

Das sind einige marokkanische Spezialitäten. Die Pastilla ist eine mit Gemüse oder Fleisch gefüllte Teigtasche. Die Tajine ist ein Schmorgericht mit Fleisch und Gemüse. Couscous ist eine Art Grieß aus Weizen, zu dem man Gemüse, Fleisch oder Merguez-Würste isst. Zum Nachtisch gibt es leckeres Gebäck mit viel Honig und Zimt.

Zum Essen setzt man sich um einen niedrigen Tisch. Man isst mit den Fingern und trinkt heißen, sehr süßen Pfefferminztee.

MAROKKANISCHE FESTE

Die Marokkaner haben viele Feste, doch Hochzeiten sind besonders große Feiern, zu denen alle Freunde, Nachbarn und Verwandte eingeladen werden.

In Marokko ist die Hochzeit ein bedeutendes Ereignis, das eine Woche lang dauern kann! Die Braut trägt verschiedene Gewänder. Ein Kleid ist schöner als das andere. Zu einem solch großen Fest kommen sehr viele Gäste. Manchmal feiern Männer und Frauen getrennt. Alle tanzen und genießen das Festmahl.

Je nach Jahreszeit und Region wird die Ernte der Datteln, Rosen oder Kirschen gefeiert. Bei diesen Festen spielt die Musik eine wichtige Rolle.

ABBAH LEBT IN DER SAHARA

Abbah gehört zum Volk der Tuareg. Die Tuareg sind Nomaden – sie haben keine festen Häuser. Abbahs Stamm zieht durch die Wüste Sahara.

Nach einigen Tagen an einem Ort zieht der Stamm weiter. Die Frauen bauen die Zelte ab. Die Tiere tragen das Gepäck.

Abbahs Vater führt die Karawane sicher durch die endlosen Sanddünen. Er weiß, wo die Oasen liegen, in denen es Wasser und Nahrungsmittel gibt.

AUFENTHALT IN DER OASE

Die Oase ist ein kleines Paradies mitten in der Wüste. Dank des Wassers können hier Gemüse und Obstbäume wachsen.

Das Wasser aus dem Brunnen läuft in Bewässerungskanälen zu den Feldern und Plantagen. Abbah kann hier seinen Schlauch aus Ziegenleder auffüllen.

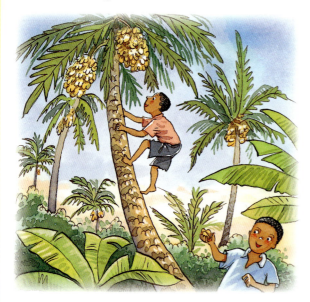
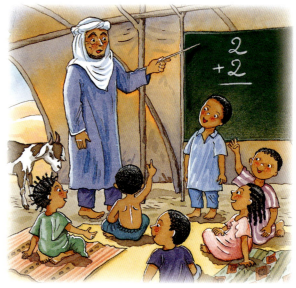

Die Datteln werden manchmal gegen Getreide eingetauscht.

In manchen Oasen gibt es eine Schule für die Kinder.

DIE SALZKARAWANE

Menschen und Tiere müssen viel Salz essen, damit sie nicht austrocknen. Das Salz wird in der Wüste gewonnen.

Das Salz wird in Salinen gewonnen. Dort presst man es in spezielle Formen, damit die Frauen es auf dem Kopf transportieren können.

Das Salz wird auf Kamele geladen. Auf dem Markt verkaufen Abbah und sein Vater das Salz oder tauschen es zum Beispiel gegen Ziegen ein.

EIN FESTTAG BEI DEN TUAREG

Jedes Jahr versammeln sich die Tuareg und veranstalten Gesangs- und Tanzwettbewerbe und Kamelrennen.

Männer und Frauen tragen ihre traditionellen blauen Gewänder.

Der von den Männern ausgeübte Stocktanz begeistert Abbah.

Die Frauen tragen Gedichte vor und spielen dazu auf der Imzad.

Die geschicktesten Reiter nehmen am Kamelrennen teil.

BEI JASSIR IN ÄGYPTEN

Ägypten ist ein heißes Land. Es ist in der ganzen Welt für seine Pyramiden bekannt, die vor Tausenden von Jahren erbaut wurden.

Die Pyramiden sind riesige Steingräber, die Pharaonen als ihre letzte Ruhestätte errichten ließen.

Jassir lebt in der Hauptstadt Kairo. Es ist eine sehr große Stadt.

Die meisten Ägypter leben entlang des Nils. Dahinter liegt die Wüste.

EIN TAG MIT JASSIR

Jassir geht bis zum frühen Nachmittag in die Schule. Anschließend geht er zu seinem Vater auf den Markt und läuft später nach Hause.

Jassir lernt Arabisch, die Sprache seines Landes. Sein Lehrer zeigt ihm, wie sich sein Name in Hieroglyphen schreibt: die Schrift der alten Ägypter.

Am Nachmittag besucht Jassir häufig seinen Vater, der Gewürze verkauft. Seine Mutter benutzt viele der Gewürze beim Kochen.

JASSIR IM DORF DER GROSSELTERN

Die Ferien verbringen Jassir und seine Schwester im Dorf der Großeltern auf dem Land. Sie helfen ihnen bei der Feldarbeit.

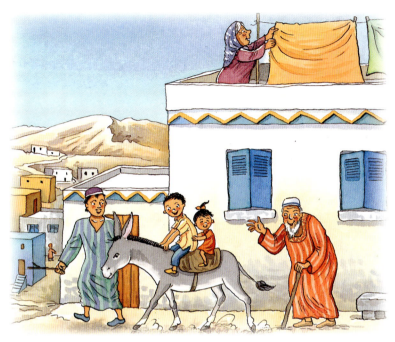

Jassirs Großvater hat sein Haus aus einem Lehm-Stroh-Wasser-Gemisch erbaut. Im Haus ist es auch bei großer Hitze kühl. Wenn es sehr heiß ist, schlafen Jassir und seine Familie auf der Dachterrasse, auf der die Großmutter tagsüber die Wäsche aufhängt. Am späten Nachmittag führt sein Vater die Kinder auf dem Rücken des Esels spazieren.

Jassir hilft bei der Zuckerrohrernte. Aus den Stängeln der Pflanze gewinnt man Zucker. Seine Schwester hütet die Ziegen.

ALIMA AUS KENIA

Alima lebt mit ihren Eltern und ihren Geschwistern abseits der Städte in einem Dorf an der Küste. Ihr Vater ist Fischer.

In das Dorf führen keine festen Straßen, sondern nur erdige Pisten. Die Fischer fahren jeden Tag auf das Meer hinaus. Ab und zu bringen sie Feriengäste auf die Inseln. Einige Dorfbewohner bauen Boote oder reparieren Netze.

Alima hat fünf Geschwister und sehr viele Cousins. Manchmal nimmt sie einige der Freunde, die daheim keinen Fernseher haben, mit nach Hause.

DÖRFER UND STÄDTE

In Kenia gibt es kleine Dörfer mit Hütten oder Häusern und auch sehr große Städte wie die Hauptstadt Nairobi.

Je nach Region sind die Behausungen Hütten aus Lehm mit einem Strohdach oder Bauten aus Lehmziegeln oder Hohlblocksteinen.

Nairobi ist eine der größten Städte Afrikas mit Geschäftsvierteln, hohen Wolkenkratzern und belebten Einkaufsstraßen.

ZUM ESSEN BEI ALIMA

Da Alima am Meer lebt, isst sie viel Fisch. Alima mag aber auch Ziegen-, Lamm- und Rindfleisch.

Alimas Lieblingsgericht ist gegrilltes Fleisch, das mit vielen Kräutern und Zitronensaft gewürzt ist. Das Gericht heißt Nyama Choma. Als Beilage gibt es meistens Ugali, ein Maispüree. Zu Tisch, bitte! Die Familie versammelt sich um die Schüssel. Jeder nimmt mit der rechten Hand etwas Maispüree und macht daraus eine kleine Kugel.

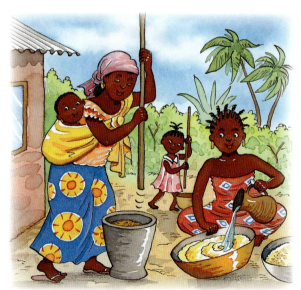

Die Frauen zerstoßen die Getreidekörner und mahlen sie zu Mehl.

Alima isst viel Obst, doch am liebsten mag sie Kokoskrapfen.

MIT ALIMA IN DER SCHULE

Alimas Dorf hat eine Schule. Einige Kinder müssen mehrere Kilometer zu Fuß zur Schule gehen, andere kommen mit dem Bus.

Die Schüler tragen Uniform. Die Klassen sind mit bis zu 50 Kindern sehr groß, denn es gibt in der Gegend nur wenige Schulen.

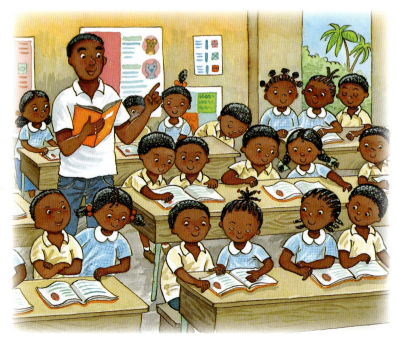

Alima hat nur sehr wenige Stifte und Hefte, da diese teuer sind. Sie passt daher gut auf ihre Sachen auf. Sie lernt Rechnen, Suaheli, die Sprache ihres Landes, und Englisch. Sie teilt die Bücher mit ihrer Tischnachbarin, da es nicht genug Bücher für alle gibt.

AUF DEM MARKT MIT ALIMA

Alima und ihre Mutter fahren mit dem Bus in die nächste Kleinstadt. Das erste Wegstück ist eine staubige Piste, erst danach beginnt die geteerte Straße.

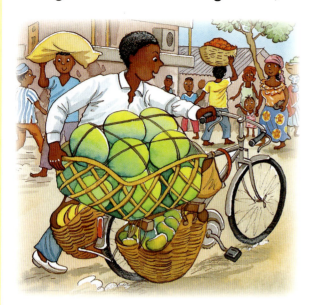

Viele Bauern kommen in die Stadt und verkaufen dort Obst und Gemüse. Händler aus der Umgebung kommen zu Fuß, mit dem Fahrrad oder Bus.

Alimas Mutter wählt schöne Stoffe für neue Kleider aus.
Auf der Rückfahrt ist der Bus bis auf den letzten Platz besetzt.

EIN AUSFLUG ZU DEN TIEREN

In Kenia gibt es mehrere große Nationalparks, in denen wilde Tiere leben. Alima hat Glück! Mit ihrer Klasse kann sie einen dieser Parks besuchen.

Touristen aus der ganzen Welt kommen hierher und bestaunen und fotografieren die wilden Tiere.

OLANDISI IST EIN MASSAI

Die Massai leben in Kenia und Tansania. Früher waren sie gefürchtete Krieger, heute sind die meisten Massai Viehzüchter.

Wie Olandisi geht eine wachsende Zahl von Kindern in die Schule, die in ihrem Dorf erbaut wurde. Die meisten Schulen sind nicht mehr als eine Holzhütte mit Bänken und einer Tafel. Die Schüler lernen Englisch und Suaheli. In der Regel gibt es nur eine einzige Klasse. Im Dorf sprechen die Kinder die Sprache ihres Volkes, die Maa heißt.

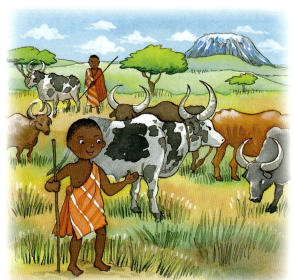

Olandisi hütet die Rinder. Die Tiere sind der größte Reichtum der Massai.

Der Schmuck aus Perlen und Muscheln ist sehr bunt.

IM DORF DER MASSAI

Die Frauen bauen aus Zweigen und Ästen runde Hütten. Mit einer Mischung aus Erde und Kuhdung wird die fertige Hütte bestrichen und abgedichtet.

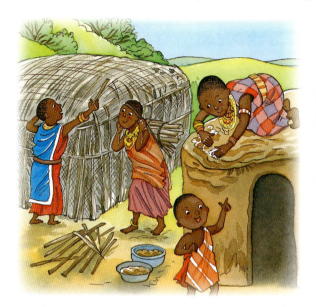 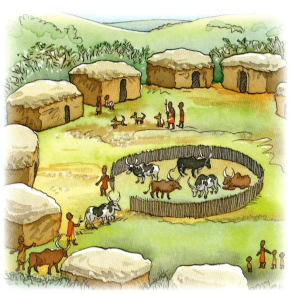

Eine dornige Hecke umgibt das Dorf zum Schutz vor wilden Tieren. Nachts ist die Herde in einem umzäunten Gehege untergebracht.

Die Touristen, die das Dorf besuchen, bezahlen Eintritt. Mit diesem Geld kann die Kultur der Massai gepflegt werden.

HOCHZEIT BEI DEN MASSAI

In Olandisis Dorf ist heute ein großer Festtag: Sein älterer Bruder heiratet und alle Dorfbewohner feiern mit. Die Braut stammt aus einem Nachbardorf.

Das junge Mädchen zieht ins Dorf ihres zukünftigen Mannes.

Beim Betreten ihres neuen Hauses erhält sie einen anderen Namen.

Nun kann das Fest beginnen. Die Frauen tanzen und singen.

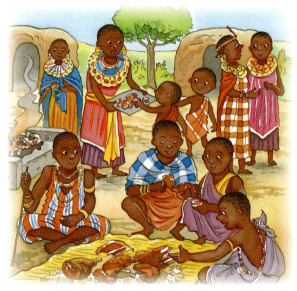

Die Gäste essen gegrilltes Fleisch mit Fladenbrot.

MAGANLA VON DEN PYGMÄEN

Die Pygmäen leben im Urwald im Herzen Afrikas. Ihr Name bedeutet „kleiner Mensch". Sie ernähren sich von Früchten und von der Jagd.

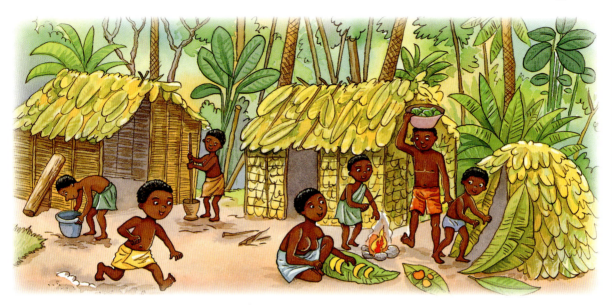

Die Hütten im Dorf sind aus Ästen errichtet und mit Blättern und anderen Pflanzen aus dem Wald abgedeckt. So kann der Regen nicht durchsickern.

Maganla und seine Freunde sammeln Früchte, Pilze und Körner. Sie suchen auch Termiten und Raupen, die ebenfalls gegessen werden.

JAGD UND FISCHFANG BEI DEN PYGMÄEN

Die Pygmäen jagen mit Pfeil und Bogen. Ihre Pfeilspitzen sind vergiftet. Sie benutzen aber auch Lanzen und bauen Fallen.

Später will Maganla ein großer Jäger wie sein Vater werden.

Mit ihren Lanzen haben die Männer ein kleines Krokodil erlegt.

Maganlas Mutter flicht einen kleinen Korb für Maganla, in den er die Fische legen kann, wenn er mit seinen Freunden zum Fischen an den Fluss geht.

KINDER AMERIKAS

DER AMERIKANISCHE KONTINENT

Nordamerika und Südamerika bilden zusammen den amerikanischen Kontinent. Hier kann man sämtliche Landschaftsformen finden: eisige Regionen am nördlichen und südlichen Zipfel, Wüsten, das größte Waldgebiet der Welt, Gebirge, weite Ebenen, Vulkane …

☐ übriges Südamerika

BEI JULIE IN KANADA

Julie lebt in der Provinz Quebec in Kanada in Nordamerika. Kanada ist ein weites Land mit vielen Wäldern, Seen und endloser Natur.

Julie wohnt wie die meisten Kanadier in einem Holzhaus.

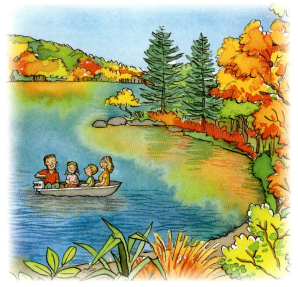

Im Herbst strahlen die Bäume in herrlichen Farben.

Am Sankt-Lorenz-Strom kann man Wale beobachten.

Vorsicht! An den Niagarafällen wird man leicht nass!

JULIES FREIZEIT

Während des Winters, der sehr lange dauert, treibt Julie Wintersport. Sie liebt auch Ausflüge mit dem Schlitten.

Julie fährt zum Skifahren in die Rocky Mountains, die mehrere Tausend Kilometer von ihrer Heimat entfernt sind.

In der „Zuckerhütte" isst Julie sich an Ahornsirup satt, der aus Ahornsaft gewonnen und im Eis gehärtet wird.

Den Sommer verbringt Julie mit ihrem Bruder und ihren Eltern in einer Holzhütte, die mitten in der Natur direkt an einem See liegt. Von dort machen sie Ausflüge zu Fuß oder mit dem Boot und fahren Wasserski. Manchmal beobachten sie Biber und gehen angeln.

Julie wohnt in der Nähe der Stadt Quebec. Sie geht gerne in die Stadt, vor allem während des Karnevals. In Montreal bauten die Kanadier wegen der großen Kälte das größte unterirdische Einkaufszentrum der Welt.

In Quebec sieht Julie gerne bei der Wachablösung zu.

Im Winter kaufen Julie und ihre Mutter in Montreals Untergrund ein.

Zu Beginn der Weihnachtszeit findet ein großer Umzug mit dem Weihnachtsmann statt. Im Februar feiert man in Quebec ausgelassen Karneval mit riesigen Schneemännern, Umzügen und einem Eisskulpturen-Wettbewerb.

EIN TAG MIT JULIE

In der Schule spricht Julie Französisch. Das ist in Quebec üblich. Sie lernt auch Englisch, denn diese Sprache wird im Rest Kanadas gesprochen.

Morgens nimmt Julie den Schulbus. Nach dem Mathematik- und Informatikunterricht besucht sie den Schulchor.

Die Schüler gehen regelmäßig in die Eislaufhalle, wo sie Eishockey spielen. Eishockey ist eine sehr beliebte Sportart in Kanada.

Sobald der lange Winter vorüber ist, geht Julie mit ihrem Vater Golf spielen. Wie viele Kanadier ist er ein begeisterter Anhänger dieses Rasensports.

Julie ist Anfängerin. Ihr Vater zeigt ihr, wie es geht.

Im August pflückt Julie Blaubeeren, die sehr süß sind.

Julie feiert Kindergeburtstag. Ihre Mutter hat viele leckere Sachen vorbereitet: Blaubeermuffins, einen Ahornsirupkuchen, Schokoladen-Cookies und Pfannkuchen. Die kleinen Pfannkuchen kann man auch zum Frühstück mit Ahornsirup essen.

DIE INDIANER IN KANADA

Die Indianer sind die Ureinwohner Kanadas. Julie besucht mit ihrer Familie ein Indianerfestival. Hier sieht sie, wie die Stämme früher lebten.

Während des Festivals stehen viele Tipis auf einer großen Wiese. Mehrere Indianerstämme nehmen an dem Treffen teil. Die Stammesmitglieder legen ihre Festgewänder an und singen und tanzen zum Klang der Trommeln.

Ein Indianer nimmt Julie und ihre Eltern im Kanu mit.

Die Figuren auf dem Totem erzählen die Geschichte des Stammes.

PUTILIK VOM VOLK DER INUIT

Die Inuit leben im Norden Kanadas in einer Region, die im Winter von Eis und Schnee und im Sommer von bunten Blumenwiesen bedeckt ist.

Die Inuit leben in Häusern und nicht mehr wie früher in Iglus. Im Winter geht eine gewisse Zeit lang die Sonne auch tagsüber nicht auf. Dann herrscht die sogenannte Polarnacht.

Im Winter nimmt man den Motor- oder auch den Hundeschlitten.

Ist das Packeis geschmolzen, holen die Inuit die Kajaks heraus.

DAS LEBEN IM DORF DER INUIT

Während Putilik in der Schule ist, arbeiten seine Eltern im Dorf. Ab und zu geht Putilik mit seinem Vater auf die Jagd oder zum Fischen.

Die Mutter trägt Putiliks kleinen Bruder in einer Art großer Kapuze.

Die Kinder spannen zum Spaß eine Robbenhaut und hüpfen darauf.

Ein Flugzeug bringt Nahrungsmittel und die Post ins Dorf.

Putiliks Vater erlegt die Seehunde mit einem Gewehr.

BEI JIMMY IN DEN USA

Jimmy ist Amerikaner. Sein Land besteht aus 50 Einzelstaaten und heißt USA, was auf Englisch die Vereinigten Staaten von Amerika bedeutet.

New York ist die berühmteste und größte Stadt der USA.

Jimmy lebt in San Francisco. Die Stadt liegt auf mehreren Hügeln.

Der Präsident wohnt im Weißen Haus in Washington.

Die Keys sind Inseln in Florida, zu denen sehr lange Brücken führen.

Neben den Großstädten mit ihren in den Himmel ragenden Wolkenkratzern und neben den gewaltigen Autobahnen gehören auch herrliche Nationalparks und weites Ackerland zu den USA.

Im Yellowstone-Nationalpark gibt es fantastische heiße Quellen.

Die Schluchten des Grand Canyon sind einfach atemberaubend.

In den Sümpfen Floridas tummeln sich zahlreiche Krokodile.

Die Felder sind oft riesig. Hier werden Tonnen von Getreide erzeugt.

EIN TAG MIT JIMMY

Jimmy verbringt den Großteil des Tages in der Schule.
Sein Vater arbeitet für ein großes Informatikunternehmen.

Morgens bringt die Mutter Jimmy zur Straßenbahn. Als Pausenbrot hat er ein Sandwich mit Erdnussbutter und einen Apfel eingepackt.

Nach der Schule sieht er seinem Bruder beim American Football zu.

Manchmal fährt er mit seinen Freunden Inliner oder Skateboard.

JIMMYS FREIZEIT

Jimmy sieht ziemlich viel fern. Er und seine Freunde verbringen auch viel Zeit mit Videospielen.

Jimmy spielt mit seinem Vater und seinem Bruder Baseball im Garten.

Die Familie fährt ab und zu gemeinsam ins Autokino.

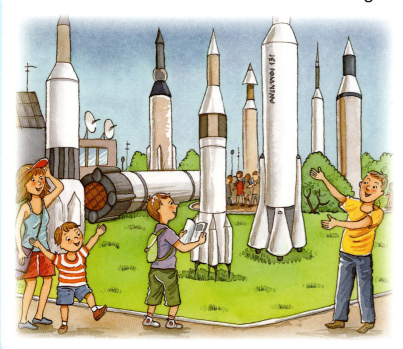

Während der Ferien in Florida besuchte Jimmy mit seinem Bruder das Raumfahrtzentrum von Cape Canaveral. Jimmy staunte über die Raketen und Raumfähren. Er lernte auch viel über die Geschichte der Eroberung des Weltraums durch die Amerikaner.

JIMMY BESUCHT EINE RANCH

Eine Ranch ist eine Art großer Bauernhof. Hier leben die Cowboys, die die riesigen Rinderherden mit Tausenden von Tieren hüten.

Jimmys Eltern reiten mit den Cowboys mit. Sie helfen ihnen, die Rinder zusammenzutreiben und zur Ranch zurückzubringen.

Später sehen Jimmy und seine Familie bei einem Rodeo-Turnier zu. Der Cowboy springt von seinem Pferd und versucht, die Hörner des Stiers zu packen. Das Tier und der Mann ringen miteinander. Ziel des Cowboys ist es, den Stier auf dem Boden auf die Seite zu legen.

JIMMY IM FREIZEITPARK

Seinen Geburtstag verbringt Jimmy mit der ganzen Familie in einem Freizeitpark. Hier ist jede Menge los! Es ist eine Riesenparty!

Im Park begegnet Jimmy den Figuren aus seinen liebsten Trickfilmen, den Comichelden und Figuren aus den Märchen. Auch eine Blaskapelle marschiert vorbei und abends wird manchmal ein Feuerwerk veranstaltet.

Jimmy haben es die langen Wasserrutschen besonders angetan.

Der Tag endet mit einem herrlichen Feuerwerk, das den Park erleuchtet.

BELIEBTE FEIERTAGE

Am Abend des 31. Oktober wird in den USA, in Kanada und in Großbritannien Halloween gefeiert, das Fest der Geister.

Das Haus wird mit Kürbissen, Geistern und Hexen geschmückt. Die Kinder verkleiden sich, gehen von Tür zu Tür und fragen nach Süßigkeiten.

An Thanksgiving gibt es Truthahn und Kürbiskuchen zum Essen.

Am 4. Juli ist Unabhängigkeitstag und überall gibt es Feuerwerk.

DIE INDIANER IN AMERIKA

Die Indianer gehören verschiedenen Stämmen an.
Sie sind die Ureinwohner des amerikanischen Kontinents.

Manche gehen in den Bergen auf die Jagd und züchten Pferde.

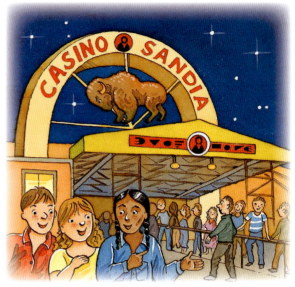

Andere leben in Reservaten, in denen sie Kasinos eröffnen.

Die Kinder sprechen Englisch und die Sprache ihres Stammes.

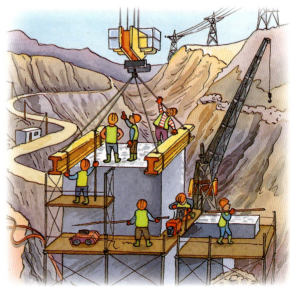

Viele Indianer arbeiten auf dem Bau.

DAS POWWOW

Ein Powwow ist ein großes Treffen indianischer Stämme, bei dem es großartige Tanz- und Gesangsvorführungen gibt.

Die Tänzerin springt und dreht sich um sich selbst und lässt dabei die langen Fransen ihres Schals schwingen. Zum Rhythmus der Trommel bewegt der Tänzer seinen Fächer aus Federn, der die Flügel eines Vogels darstellen soll.

Die kleine Indianerin mit den Zöpfen trägt ein mit Perlen besticktes Kleid und dazu passende Mokassins. Sie hilft ihrer Mutter beim Verkauf der Kunstgegenstände, die der Stamm gefertigt hat: Körbe, Schmuck, Töpferwaren und vieles mehr.

PAOLO, EIN JUNGE AUS MEXIKO

Paolo wohnt in Mexiko-Stadt. Die Hauptstadt Mexikos ist eine der größten Städte der Welt. Im Norden des Landes gibt es eine große Wüste.

20 Millionen Menschen leben in Mexiko-Stadt und Umgebung.

Die Vorfahren der Mexikaner, die Maya, bauten Pyramiden.

Der breite Strand von Acapulco lockt viele Urlauber an.

Das Land liegt in einem Vulkangebiet. Das ist der Popocatepetl.

FAMILIENFESTE

In Mexiko kommt die Familie häufig zu einem guten Essen zusammen und verbringt den Tag miteinander.

Paolos Mutter hat zum Essen ein Avocadopüree und eine Spezialität mit Huhn und Schokolade vorbereitet. Sein Vater schenkt Fruchtsäfte aus.

Nach dem Essen macht Paolo Siesta in einer Hängematte auf dem Balkon.

Später nimmt Paolos Vater seine Gitarre und die ganze Familie singt.

EIN TAG MIT PAOLO

Paolo geht während der kühlsten Stunden des Tages zur Schule: Von sieben oder acht Uhr morgens bis zum frühen Nachmittag.

Zu Hause isst er eine Mais-Tortilla mit Käse.

Nach der Siesta macht Paolo seine Hausaufgaben.

Später geht er in einen Musikverein. Er will Trompete spielen lernen.

Nach dem Abendessen spielt er mit seinen Freunden Fußball.

PAOLOS FREIZEIT

Paolo liebt die Ausflüge nach Xochimilco bei Mexiko-Stadt. Mit seinen Eltern und seiner Schwester verbringt er den Tag auf den Kanälen.

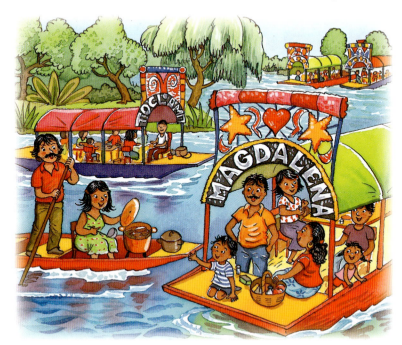

Die Azteken legten vor langer Zeit die schwimmenden Gärten von Xochimilco an und bauten dort Obst und Gemüse an. Heute ist es ein beliebtes Ausflugsziel der Mexikaner. Auf einem bunten Ausflugsboot macht Paolo mit seiner Familie ein Picknick. Während der Bootsfahrt kommen Händler vorbei und bieten Speisen an.

Paolo geht in einen Wald, in dem Millionen Schmetterlinge fliegen.

Paolo besucht Palenque, eine der schönsten Maya-Städte.

UNVERGESSLICHE FESTE

In Oaxaca strömen jedes Jahr viele Mexikaner und Touristen zu den Vorführungen des Ananastanzes und des Federtanzes.

Paolo und seine Schwester sehen den Tänzern zu. Sie schlagen auch auf die Piñatas, das sind mit Süßigkeiten gefüllte Figuren aus Pappmaschee.

Die Mariachi-Gruppe singt und spielt Geige und Gitarre dazu.

Am Totensonntag wird zum Totengedenken Weihrauch verbrannt.

MARIA LEBT IN BRASILIEN

Vor langer Zeit landeten die Portugiesen in Marias Land.
Aus diesem Grund sprechen die Brasilianer Portugiesisch.

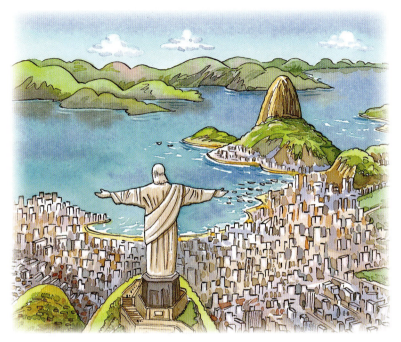

Maria wohnt in Rio de Janeiro. Die Stadt an der Atlantikküste ist für ihren langen Sandstrand namens Copacabana, den Zuckerhut und die Christusfigur auf dem Gipfel des Corcovado weltberühmt.

Im Süden des Landes liegen die spektakulären Iguaçu-Wasserfälle.

Der Amazonas fließt durch den größten Wald der Welt.

EIN TAG MIT MARIA

Maria geht am Nachmittag zur Schule. Morgens macht sie Hausaufgaben und geht oft mit ihrer Mutter zum Einkaufen.

Auf dem Markt mit den großen Obstständen herrscht buntes Treiben.

Einer von Marias Freunden wohnt in einem Armenviertel, einer Favela.

Nach der Schule feuert Maria ihren Vater beim Fußballspielen an oder geht zu ihrer Mutter, die Kostüme für den Karneval näht.

Wie viele Brasilianer liebt Marias Familie Ausflüge zum Strand. Hier kann sie entspannen, Grillfleisch essen und Siesta machen. In ihrer Freizeit nimmt Maria außerdem Sambaunterricht.

Am Strand kauft der Vater ein Churrasco. Das ist ein Gericht mit gegrilltem Fleisch. Vor dem Baden macht die Familie Siesta.

Maria nimmt Tanzunterricht, während ihre Brüder verschiedene Rhythmusinstrumente wie Trommel, Tamburin oder Maracas spielen.

KARNEVAL IN RIO

Es ist das Ereignis des Jahres. Im Februar kommen Menschen aus der ganzen Welt und bestaunen die Tänzerinnen und die Prunkwagen.

In Rio dauert der Karneval drei Tage und drei Nächte. Auf allen Straßen wird gefeiert und der Alltag ist vergessen. In der Stadt wird für die Zuschauer eine Tribünenstraße errichtet. Die großen Paraden finden nachts statt und dauern bis zum Morgen.

Die Gruppen der Musiker und Tänzer gehören den bedeutendsten Sambaschulen an. Samba ist eine sehr rhythmische Musik aus Südamerika. Während des Karnevals gibt es keine Standesunterschiede. Auch die Armen aus den Favelas tragen prächtige Kostüme.

DIE AMAZONAS-INDIANER

Früher lebten viele Indianerstämme in Brasilien. Heute gibt es nur noch wenige. Iracema lebt mitten im Wald, im Gebiet des Amazonas.

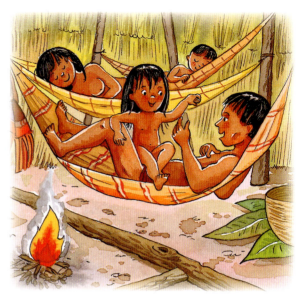

Iracema wohnt in einem Haus, in dem alle Familien des Stammes leben. Nachts ist es kalt. Man schläft in Hängematten nahe beim Feuer.

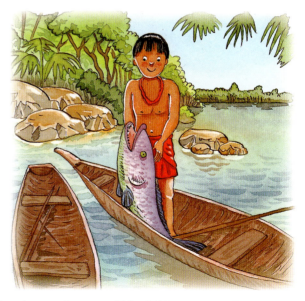

Die Frauen bauen Maniok und Zuckerrohr an. Die Männer gehen auf die Jagd. Manchmal fangen sie Frösche und Flusskrebse.

Iracema und die anderen Kinder gehen nicht zur Schule, sondern lernen alle Dinge über das Leben im Wald. An den Feiertagen schmücken sie sich mit Federn und bemalen sich sorgfältig.

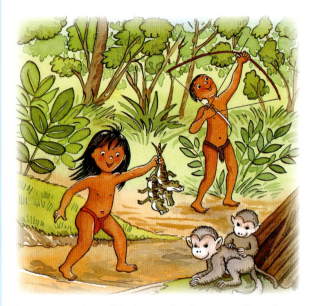

Iracema hat Kaimanbabys gefunden. Ihr Bruder übt Bogenschießen.

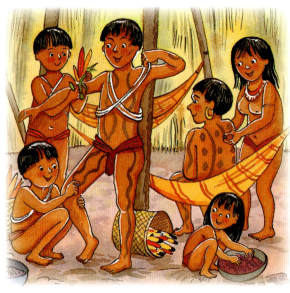

Die Farbe für die Körperbemalung wird aus Samenkörnern gewonnen.

Wie viele andere Stämme ist auch Iracemas Stamm bedroht. Es werden immer neue Waldflächen gerodet und Straßen und Dörfer gebaut.

KINDER ASIENS

ASIEN

Asien ist ein sehr großer, dicht bevölkerter Kontinent. Von den 6,6 Milliarden Menschen auf der Erde leben 4 Milliarden in Asien.

☐ übriges Asien

YOKO, EIN MÄDCHEN AUS JAPAN

Zu Japan gehören vier große Inseln und Tausende weitere kleinere Inseln. Yoko wohnt in Tokio auf der Insel Honshu.

Japanische Städte gehören zu den am dichtesten besiedelten der Welt. Sie haben Millionen Einwohner. Viele breite Autobahnen umgeben die Städte.

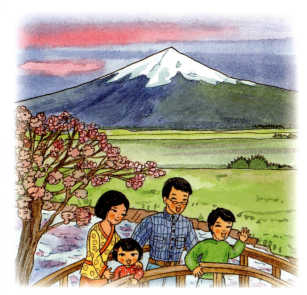

Der höchste Berg ist ein Vulkan. Er heißt Fudschijama.

Es gibt viele große und kleine Seen inmitten von Wäldern.

YOKOS HAUS

Yoko und ihr Bruder Kaisu wohnen in einem Haus. Sie haben Glück, denn in den Städten leben die meisten Japaner in Wohnungen.

Der Boden im Haus ist mit dicken Matten aus Reisstroh ausgelegt, die man Tatami nennt. Die Schuhe werden am Eingang ausgezogen, damit man keinen Schmutz hereinträgt. Zwischen den Räumen gibt es keine Türen, sondern große Schiebewände aus Holz und Reispapier.

Im Haus gibt es nur wenig Platz. Am Abend rollt die Mutter die Futons auf dem Boden aus. Auf diesen nicht sehr dicken Schlafunterlagen aus Baumwolle schlafen alle Japaner. Es gibt auch Häuser mit Fenstern aus Reispapier statt aus Glas, denn bei einem Erdbeben geht das Reispapier nicht wie Glas kaputt.

Die Japaner lieben Gartenarbeit. Hinter Yokos Haus ist ein kleiner Garten, den ihre Mutter und ihr Vater mit Hingabe pflegen. Ihre Mutter macht schöne Sträuße, mit denen sie das Haus schmückt.

Yoko kümmert sich um ihren Bonsai. Das ist ein Zwergbaum in einer Schale, den sie regelmäßig schneidet. Mit viel Liebe ordnet ihre Mutter die Blumen an.

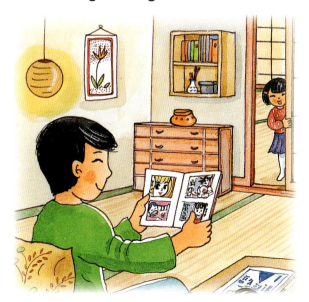 

Yokos Bruder liest Mangas, die japanischen Comics.

Yokos Mutter hat einige Freundinnen zum Tee eingeladen.

DAS ESSEN

Früher wurde in Japan weder Fleisch noch Käse gegessen. Heute gibt es diese Lebensmittel zwar, doch im Allgemeinen isst man lieber Fisch.

Yoko kann noch nicht mit den Essstäbchen essen wie ihre Eltern und ihr Bruder. Zum Essen trinken ihre Eltern Tee.

Yokos Mutter kauft auf dem Markt rohen Fisch und macht daraus Sushis. Als Beilage isst man Reis, der auf Reisfeldern angebaut wird.

MIT YOKO IN DER SCHULE

Im Unterricht lernt Yoko unter anderem, wie man die japanischen Schriftzeichen malt und liest.

Yoko übt das Zeichnen der Schriftzeichen mit ihrem Pinsel.

Heute müssen die Schüler ihr Klassenzimmer putzen.

Sie tragen bunte Mützen, damit die Autofahrer sie besser sehen.

In der Schule lernen sie, wie man sich bei einem Erdbeben verhält.

YOKOS FREIZEIT

Wenn sie nicht in der Schule sind, treiben Yoko und ihr Bruder Sport und spielen Theater. Viele Kinder erlernen einen Kampfsport.

Kaisu lernt Kendo. Bei diesem Sport benutzt man ein Bambusschwert.

Yoko bevorzugt Karate, eine aus China stammende Sportart.

Für das Theaterspielen lernt Yoko, den Fächer richtig zu bewegen.

Sie faltet Papier zu hübschen Figuren, den Origamis.

KINDERFESTE

In Japan werden viele Feste für Kinder veranstaltet.
Auf diese Weise wünscht man ihnen Glück und Gesundheit.

Im März findet das Mädchenfest oder Puppenfest statt.
Im Haus werden auf einem roten Stoff die schönsten Puppen angeordnet. Yoko zieht ihren besten Kimono an und lädt ihre Freundinnen ein. Sie zeigt ihnen ihre Puppen und es gibt Kuchen.

Im Mai findet das Jungenfest statt.
Auf dem Balkon oder im Garten werden an diesem Tag hohe Bambusstangen aufgestellt, an die man Wimpel in Karpfenform hängt. Der Wind bläst sie auf und es sieht aus, als schwömmen die großen Fische im Wind. Das Fest soll den Jungen Stärke und Erfolg bringen.

LANSHIN IST AUS CHINA

Lanshin lebt im bevölkerungsreichsten Land der Welt. China hat über 1,2 Milliarden Einwohner. Viele Chinesen wohnen in Städten.

Lanshin wohnt in Schanghai, einem ehemaligen Fischerdorf, das heute einen der größten Häfen der Welt hat und eine der größten Städte Chinas ist.

In den riesigen Fabriken arbeiten Millionen von Arbeitern. Viele von ihnen kamen vom Land und suchten in der Stadt ein besseres Leben.

Je nach Region sieht die Landschaft sehr unterschiedlich aus. Es gibt Gebirge, Wüsten und weite Ebenen. Vor langer Zeit bauten die Chinesen zum Schutz vor Eindringlingen eine endlos lange Mauer entlang der Grenze.

Die Kaiser lebten früher in der Verbotenen Stadt in Peking.

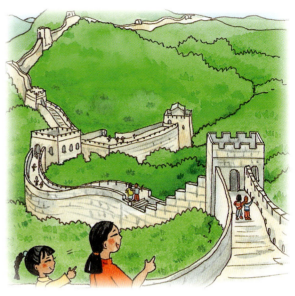

Die Chinesische Mauer ist über 6000 Kilometer lang.

Diese seltsamen Hügel erheben sich nahe der Stadt Guilin.

Für den Reisanbau wurden die Reisfelder in Terrassen angelegt.

EINKAUFEN GEHEN

Lanshin begleitet ihre Mutter gerne zum Markt, auf dem sie frischen Fisch und Gemüse kaufen.

Lanshins Mutter geht auch in einem großen Kaufhaus einkaufen.

Auf den Straßen drängen sich Fahrräder, Rikschas und Autos.

Auf dem Markt bekommt Lanshin ein Tang Hulu. Das ist ein Spieß mit kleinen kandierten Äpfeln. Einige Chinesen essen gedämpfte Teigtäschchen namens Wan Tan, eine Suppe oder Nudeln, andere gegrillte Heuschrecken!

CHINESISCHE MAHLZEITEN

Je nach Region gehören Reis oder Nudeln zu jeder Mahlzeit. Natürlich isst man mit Stäbchen, nur die Suppe nicht.

Bei Tisch gibt es keine Messer, alles wird vorher geschnitten. Jeder hat eine eigene Schale Reis, die anderen Speisen stehen in der Mitte des Tisches.

Bei einem Festmahl gibt es zwischen zwölf und 20 verschiedene Speisen: Riesengarnelen, Ente, frittiertes Gemüse, gedämpfte Teigtäschchen und vieles andere. Welch ein Genuss! Die Plätze am Tisch werden sorgfältig ausgewählt. Man beachtet dabei, welchen Personen, zum Beispiel alten Leuten, viel Respekt gebührt. Die Erwachsenen trinken Alkohol.

LANSHIN GEHT ZUR SCHULE

In der Schule lernt Lanshin, wie man die vielen chinesischen Schriftzeichen zeichnet. Bald wird sie auch Englisch lernen.

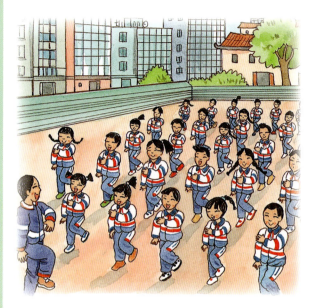

Jeder Schultag beginnt mit der morgendlichen Gymnastik.

Mit Pinsel und Tinte übt Lanshin die Schriftzeichen.

Anschließend hat sie Pipa-Unterricht. Die Pipa ist ein Saiteninstrument.

Die Schüler spielen regelmäßig Tischtennis.

LANSHINS FREIZEIT

Lanshin verbringt ihre freie Zeit gerne mit ihren Freunden.
Viele ihrer Spiele erfordern Geschicklichkeit und Konzentration.

Lanshin und ihre Freunde veranstalten Grillen-Wettkämpfe.

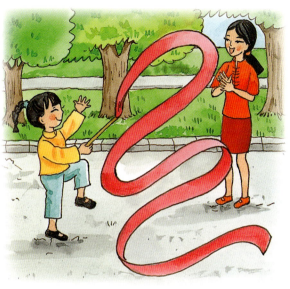

Es macht ihr Spaß, das lange Band kreisen zu lassen.

Lanshin nimmt manchmal an Wettbewerben im Seilspringen teil.

Mit ihrem Vater macht sie Tai-Chi und vollführt konzentrierte Bewegungen.

DAS CHINESISCHE NEUJAHR

Die ganze Familie kommt an diesem Festtag zusammen. Am Silvesterabend gibt es ein großes Festessen. An Neujahr geht man in den Tempel.

Das chinesische Neujahr findet jedes Jahr an einem anderen Datum statt. Es liegt zwischen dem 21. Januar und dem 20. Februar. In dieser Zeit werden überall rote Laternen aufgehängt, da sie ein Glückssymbol sind. An Silvester zündet man laute Kracher und Feuerwerkskörper, um die Dämonen zu verjagen und Frieden und Glück zu erbitten.

Jeder verschenkt einen roten Umschlag mit Geld.

Am nächsten Tag sieht Lanshin beim Drachentanz zu.

TARUN AUS INDIEN

Tarun lebt in Indien, einem großen Land mit vielen Einwohnern und vielen Gesichtern. Es gibt zahlreiche Sprachen und mehrere Religionen.

Im Himalaja-Gebirge liegen die höchsten Berge der Welt.

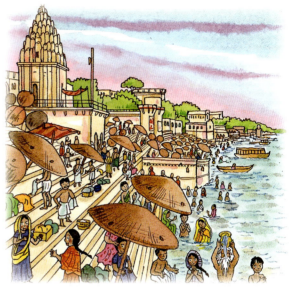

Der Ganges ist ein heiliger Fluss, in dem die Hindus baden.

Das berühmte Grabmal Tadsch Mahal ist aus weißem Marmor.

In Indien stehen viele reich verzierte Tempel.

TARUNS STADT

Tarun lebt mit seiner Familie in der großen Stadt Bombay. Es ist die Stadt des indischen Kinos, da hier viele Filme gedreht werden.

In der Stadt leben sehr viele Menschen und auf den Straßen herrscht dichter Verkehr. Tarun und seine Mutter gehen zu Fuß oder fahren mit dem Bus oder mit einer der Autorikschas. Auf der Straße verkehren außerdem noch Fahrräder, Lastwagen und manchmal sogar Kühe!

Entlang der Straßen wird auf riesigen Filmplakaten oder Reklametafeln für Filme geworben.

Nach den langen Monaten der Trockenzeit beginnt die Regenzeit, die man Monsun nennt. Alle Straßen sind überflutet.

Tarun wohnt mit seinen Eltern und seiner Schwester in einem kleinen mehrstöckigen Haus im Stadtzentrum. Viele Inder sind allerdings so arm, dass sie auf der Straße oder in baufälligen Hütten wohnen müssen.

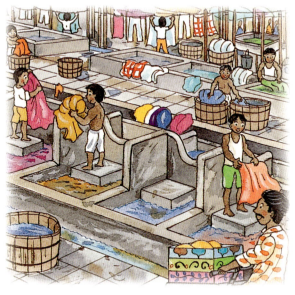

Taruns Vater ist Lieferant. Er fährt ein Dreirad.

Er fährt an den Waschplätzen vorbei, wo viele Leute arbeiten.

Taruns Mutter kauft auf dem Markt ein. Hier gibt es Gemüse, Obst und vielerlei Gewürze. Sie ersteht auch eine Blumengirlande, die sie auf dem Rückweg im Tempel niederlegt.

ESSENSZEIT

In Indien isst man stark gewürzte Speisen und als Beilage Reis. Viele Inder essen kein Rindfleisch, da die Kuh als heiliges Tier angesehen wird.

In Taruns Familie isst man nicht jeden Tag Fleisch, doch manchmal macht seine Mutter ein Lammcurry. Das ist eine Art Eintopf mit vielen Gewürzen. Mit einem Stück Fladenbrot schiebt man die Speisen in den Mund oder man formt kleine Bällchen mit der rechten Hand.

Tarun trinkt gerne Lassi, ein Joghurtgetränk. Zum Nachtisch gibt es Bananen. Sie sind klein, aber sehr süß.

BEI TARUN IN DER SCHULE

Tarun geht zur Schule, doch viele junge Inder haben dieses Glück nicht und müssen arbeiten gehen und etwas Geld für die Familie dazuverdienen.

Tarun geht sehr früh zur Schule, doch nachmittags hat er frei. Der Unterricht findet auf Hindi statt. Die Kinder lernen auch Englisch.

Manchmal wird der Unterricht im Freien abgehalten.

Wenn Tarun groß ist, will er Informatiker werden.

DAS LEBEN AUF DEM LAND

Taruns Cousins und seine Großmutter leben auf dem Land.
Tarun besucht sie gern und oft.

Hier gibt es kein fließendes Wasser.
Man muss es vom Brunnen holen.

Taruns Tante arbeitet
auf den Teefeldern.

Seine Kusine sammelt die Kuhfladen ein und trocknet sie an der Wand.
Die trockenen Fladen werden als Brennmaterial verkauft.

INDIEN FEIERT

Im Laufe des Jahres feiern die Inder zahlreiche Feste.
Die spektakulärsten Feste finden in den Wintermonaten statt.

Tarun besuchte einmal die eindrucksvolle Elefantenparade im Staat Kerala im Süden Indiens. Zum Klang der Trommeln ziehen die mit buntem Kopfputz und Sonnenschirmen geschmückten Elefanten zum Tempel. Es ist ein einmaliges Schauspiel!

Im März feiert man den Frühling mit dem Holi-Fest, dem Fest der Farben. An diesem Tag sollte man nicht seine schönsten Kleider tragen, denn die Menschen bewerfen sich mit farbigem Pulver und Farben.

TIERE IN DER STADT

In den Städten begegnet man nicht selten Kühen, Kamelen, Elefanten oder Affen. Niemand wundert sich darüber, denn das ist normal.

Kühe ruhen sich mitten auf der Straße aus. In Indien sind sie heilig.

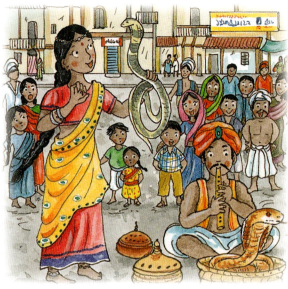

Das Kobrafest ist für die Schlangenbeschwörer ein wichtiger Tag.

Gelegentlich sieht man noch Elefanten mit ihren Führern auf den indischen Straßen, doch es werden immer weniger Tiere, die für die Menschen arbeiten. Viele Elefanten sind dagegen Teil von religiösen Zeremonien in den Tempeln.

KINDER EUROPAS

EUROPA
Zu Europa gehören fast 50 Länder. Der Kontinent grenzt an Asien und ist durch das Mittelmeer von Afrika getrennt.

□ übriges Europa

EINE KLEINE REISE DURCH EUROPA

Touristen aus der ganzen Welt kommen nach Europa, wo es außergewöhnlich schöne Städte und einzigartige Sehenswürdigkeiten gibt.

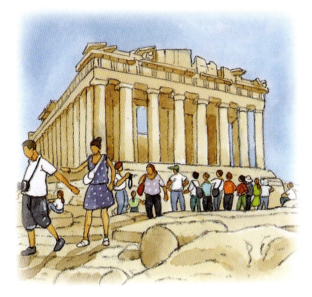

Die Ruine des Parthenons thront über der griechischen Stadt Athen.

Die Loire-Schlösser in Frankreich sind ein Besuchermagnet.

Prag in der Tschechischen Republik ist eine der schönsten Hauptstädte.
Die beeindruckende Sagrada Familia steht in Barcelona in Spanien.

TADEK LEBT IN POLEN

Polen ist ein großes Land im Zentrum Europas. Tadek lebt in einem Dorf unweit der Hauptstadt Warschau.

Tadek liebt Warschau, vor allem die Plätze mit den bunten Häusern.

Im Winter macht Tadek eine „kulig", das ist eine Schlittenfahrt.

Seine Großmutter aus Zalipie bemalt ihr Haus jedes Jahr.

Der Gottesdienst findet in einer Holzkirche statt.

Polen besitzt 23 Nationalparks, in denen die Natur geschützt wird. Tadek und seine Familie besuchen oft die Parks. Sie fahren dort Fahrrad, reiten oder machen Touren mit dem Kajak oder Kanu.

Tadek macht einen Ausflug in den wunderschönen Wald von Bialowieza, wo neben anderen Tieren auch Wisente, wilde Pferde und sogar Wölfe leben.

Nach einem solchen Tag an der frischen Luft schmeckt die Rote-Bete-Suppe namens Borschtsch, die seine Mutter gekocht hat, besonders gut. Tadek liebt auch die Golabki, die Kohlrouladen. Zum Nachtisch gibt es Babka, einen leckeren Napfkuchen.

ASTRID, EIN MÄDCHEN AUS SCHWEDEN

Astrid wohnt in Stockholm, der Hauptstadt Schwedens. Ihr Land liegt im Norden Europas. Es ist für seine Wälder und Seen bekannt.

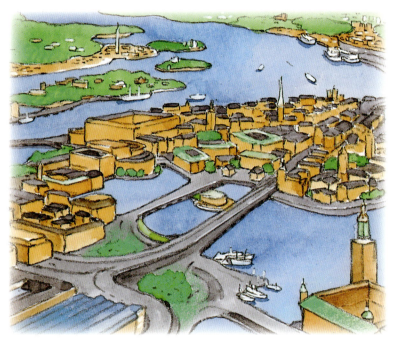

Die Stadt Stockholm liegt auf 14 Inseln. Brücken verbinden die einzelnen Viertel miteinander, doch man kann auch ein Taxiboot nehmen. Im Winter sind die Wasserstraßen zugefroren, sodass man mitten in der Stadt auf dem Eis spazieren gehen oder eislaufen kann.

Der Winter ist lang, doch niemand verkriecht sich im Warmen. Die Lehrerin organisiert Ausflüge in den Wald.

Sobald die warme Jahreszeit anbricht, verbringt Astrids Familie viel Zeit in ihrem Wochenendhaus, das an einem See liegt.

In Schweden gibt es im Laufe des Jahres mehrere wichtige Feste. Im Dezember feiert man das Fest der heiligen Lucia, auch Lichterfest genannt. Das Mittsommerfest fällt in den Juni.

Am 13. Dezember beginnt mit dem Luciafest die Weihnachtszeit und es folgen die längsten Nächte des Jahres. Am Morgen zieht Astrid ein weißes Kleid an, setzt eine Kerzenkrone auf den Kopf und bringt den Eltern das Frühstück.

An Mittsommer im Juni feiert man den längsten Tag des Jahres mit Tänzen, Gesängen und Festmahlen im Freien.

An den Feiertagen isst man Spezialitäten wie eingelegte Heringe, Fleischbällchen oder Spießkuchen.

JAN IST AUS DEN NIEDERLANDEN

Die Niederlande nennt man auch Holland. Da das Land mancherorts tiefer liegt als das Meer, wurden zum Schutz Deiche errichtet.

Jan lebt in der von Kanälen durchzogenen Hauptstadt Amsterdam.

An der Küste wurden viele Windräder aufgestellt.

Jan fährt mit seiner Mutter auf diesem seltsamen Fahrrad zur Schule.

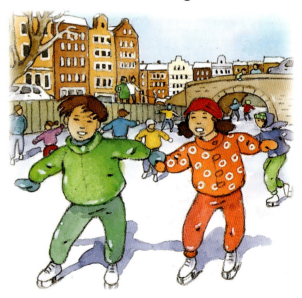

Im Winter läuft Jan auf den zugefrorenen Kanälen Schlittschuh.

Die Holländer züchten tonnenweise Tulpen, die in die ganze Welt ausgeführt werden. Sie stellen auch Käse her wie zum Beispiel Gouda und Edamer mit der typischen gelben oder orangefarbenen Rinde.

Alkmaar ist für seinen Käsemarkt berühmt.

Im Frühling blühen die endlosen Tulpenfelder.

Am 30. April wird der Geburtstag der niederländischen Königin gefeiert. Dann trägt Jan orangefarbene Kleider, denn Orange ist die Landesfarbe.

BEI MAX IN DEUTSCHLAND

Deutschland ist ein großes Land. Es ist das bevölkerungsreichste Land Europas. Max lebt in Bayern, in der Nähe von München.

Lange Flüsse wie der Rhein fließen durch Deutschland.

Das Brandenburger Tor in Berlin ist ein Wahrzeichen des Landes.

Das märchenhafte Schloss Neuschwanstein liegt in Bayern.

Im Winter besucht Max seine Cousins im Schwarzwald und läuft Ski.

Max geht am Vormittag in die Schule. Nachmittags spielt er Fußball oder geht ins Schwimmbad. Er liebt die verschiedenen Feste und wartet jedes Jahr ungeduldig auf den Karneval.

In Deutschland gibt es viele Brotsorten. Auch die Auswahl an Wurstwaren ist groß. Zum Frühstück isst Max am liebsten ein Wurstbrot.

Während des Karnevals in Köln steht die ganze Stadt Kopf.

An Ostern werden vielerorts schöne Osterfeuer entzündet.

KATE, EIN MÄDCHEN AUS GROSSBRITANNIEN

England, Wales und Schottland bilden die Insel Großbritannien. Kate wohnt in der Nähe Londons, der britischen Hauptstadt.

Die Tower Bridge über die Themse ist eine sehr alte Brücke.

In London fährt Kate häufig mit einem roten Doppeldeckerbus.

Im Eurostar fährt Kate unter dem Meer nach Frankreich.

In Schottland soll es in manchen Schlössern spuken!

Im Sommer gehen Kate und ihre Eltern an den Wochenenden häufig in den Hyde Park. Es ist der größte Park Londons. Wie alle Briten lieben sie es, im Freien zu picknicken.

Kate wohnt in einem kleinen Ziegelhaus außerhalb Londons.

In der Schule tragen Kate und ihre Mitschüler eine Uniform.

Kate macht Scones. Das Gebäck gibt es zum Tee.

Am Sonntag begleitet Kate ihren Vater zum Kricket.

TONY LEBT IN IRLAND

Irland ist eine Nachbarinsel Großbritanniens. Sie ist für ihre grüne Hügellandschaft berühmt. Tony wohnt auf dem Land.

Tonys Eltern haben einen großen Bauernhof, auf dem sie Wollschafe und Rennpferde züchten. Tony füttert die Lämmer.

Tony besucht Dublin. Hier wird er später vielleicht studieren.

Sein Vater nimmt ihn zum Angeln am Fluss mit. Sie fangen Lachse.

Die Iren lieben Musik. Tonys Vater spielt in einer kleinen Band. An manchen Abenden spielen sie im Pub des Dorfes. Der größte Feiertag des Jahres ist der St. Patrick's Day. Er wird von Groß und Klein gefeiert.

Tony und seine Schwester lauschen der Musik ihres Landes. Das halbe Dorf ist im Pub versammelt. Tonys Vater spielt auf der Bodhran, einer kleinen irischen Trommel. Die anderen Musiker spielen Geige, Flöte, Gitarre und Akkordeon.

Am 17. März feiern alle Iren auf der ganzen Welt den St. Patrick's Day. Die meisten ziehen sich grün an, da es die Farbe des Klees im Frühling ist, und nehmen an fröhlichen Umzügen teil. In Irland ist der St. Patrick's Day ein offizieller Feiertag. Nicht selten finden an diesem Tag Feuerwerke und Musikfestivals statt.

BEI SOPHIE IN FRANKREICH

Sophie wohnt in Frankreich. Sie lebt im Südwesten des Landes. Mit ihren Eltern hat sie schon verschiedene Regionen Frankreichs bereist.

Den Sommer verbringt Sophie in der Bretagne. Mit ihrem Vater schaut sie den Fischern zu.

Manchmal wird sie zu Freunden in die Provence eingeladen. Sie liebt die duftenden Lavendelfelder.

Mit ihren Eltern besuchte sie die Hauptstadt Paris. Gemeinsam waren sie auf dem Eiffelturm.

Mit ihrer Klasse war Sophie in den Höhlen von Lascaux. Die Menschen der Steinzeit malten dort Tiere an die Wände.

Sophie liebt die vielen Spezialitäten, die es in Frankreich gibt. Aus ihrer Region, dem Südwesten, stammen der Bohneneintopf namens Cassoulet und die Gänseleberpastete Foie Gras.

Für ein Cassoulet braucht man weiße Bohnen, Schweinefleisch und eingemachtes Enten- oder Gänsefleisch.

Im September hilft Sophies Vater bei der Weinlese. Er pflückt die Trauben, aus denen später Wein gemacht wird.

Am Nationalfeiertag, dem 14. Juli, nimmt Sophie an einem Fackelzug teil, bevor sie beim Feuerwerk zusieht.

Im Juli findet die Tour de France statt. Sophie feuert mit ihrem Vater die Fahrer an, als die Etappe durch ihre Region führt.

MIGUEL, EIN JUNGE AUS SPANIEN

Spanien liegt im Süden Europas. Das Land besitzt viele lange Küsten, doch das Landesinnere ist sehr trocken. Miguel wohnt in Andalusien.

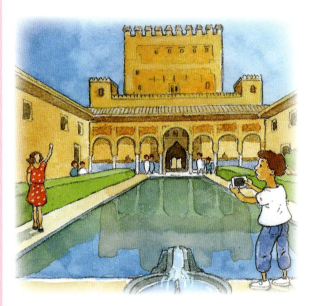 

Andalusien liegt im Süden Spaniens in einer heißen Region. Viele wunderschöne Paläste wurden hier errichtet. Überall werden Orangen angebaut.

Der Flamenco ist ein in Spanien weitverbreiteter Tanz.

Während der Corrida kämpft der Torero mit dem Stier.

In Spanien isst man spät zu Mittag. Das Abendessen ist häufig leicht, denn vorher gibt es schon Tapas; das sind kleine Brote oder Häppchen mit Wurst, Fisch oder Gemüse.

Die Mutter macht eine Paella mit Reis, Fisch und Fleisch.

Am frühen Abend lässt man sich einige Tapas schmecken.

Am Abend des 5. Januar ziehen die Heiligen Drei Könige durch die Straßen. Am 6. packen die Kinder ihre Geschenke aus und essen Dreikönigskuchen.

FEDERICO LEBT IN ITALIEN

Federicos Land hat die Form eines großen Stiefels. Es ist von Meer umgeben. Im Landesinnern liegen sehr schöne alte Städte.

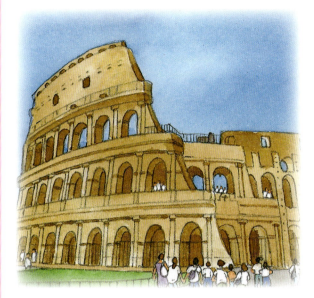

In der Hauptstadt Rom stehen viele berühmte antike Bauten.

Venedig wurde im Wasser erbaut. Dort fährt man mit Gondeln.

Der schiefe Turm von Pisa ist weltberühmt.

In Italien gibt es mehrere aktive Vulkane, einer von ihnen ist der Ätna.

Federico liebt Reisen durch sein schönes Land. Die unter der Asche des Vesuvs begrabene römische Stadt Pompeji beeindruckte ihn sehr. Sie ist sehr gut erhalten und man kann sehen, wie die Menschen damals lebten.

Die italienische Küche mit ihrem berühmten Parmesan, dem Parmaschinken, dem gegrillten und in Öl eingelegten Gemüse, der knusprigen Pizza und den leckeren Pastaspezialitäten ist in der ganzen Welt bekannt und beliebt.

Beim Karneval in Venedig kann man prächtige Kostüme bewundern.

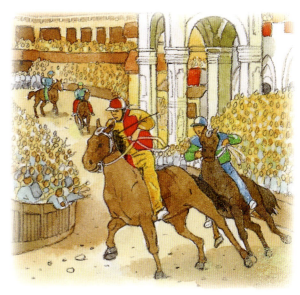

Der Palio von Siena ist ein Pferderennen im Herzen der Stadt.

HÉLÈNE LEBT IN DER SCHWEIZ

Die Schweiz ist ein recht kleines Land in den Alpen. Dennoch spricht man dort vier Sprachen: Deutsch, Französisch, Italienisch und Rätoromanisch.

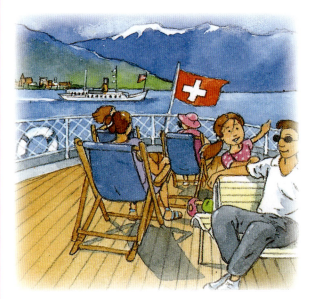

Hélène lebt in Genf am Genfer See.

Ihr Vater arbeitet für einen großen Uhrenhersteller.

Im Sommer spielen die Alphornbläser auf den Festen.

In der Schweiz gibt es gute Schokolade und würzigen Käse.

TATJANA, EIN MÄDCHEN AUS RUSSLAND

Russland ist das größte Land der Welt. Ein Teil des Landes gehört zu Europa, der andere zu Asien. Tatjana wohnt in der Hauptstadt Moskau.

Die Basilius-Kathedrale mit ihren bunten Zwiebeltürmen und die Moskauer Metro mit den reich verzierten Stationen sind weltberühmt.

Das Wochenende verbringt Tatjana auf dem Land in einer Datscha.

Ostern ist ein bedeutendes Fest. Man verschenkt bemalte Eier.

Ihr Land ist so groß, dass Tatjana nicht alle Regionen kennt. Sie reist manchmal in den hohen Norden nach Sibirien und besucht ihre Cousins, deren Vater in der Erdölindustrie arbeitet.

Die Mutter bereitet den Tee in einem Teekocher namens Samowar.

Tatjana liebt die mitreißenden Tänze der russischen Tanzgruppen.

Bei Tatjanas Cousins in Sibirien ist der Winter eisig kalt und dauert sehr lange. In Sibirien werden unter anderem Erdgas und Erdöl gefördert.

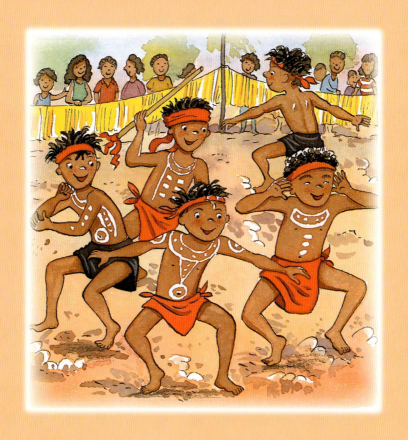

KINDER OZEANIENS

OZEANIEN

Eine Vielzahl von Inseln im Pazifischen Ozean wird zu Ozeanien zusammengefasst: unter anderem Australien, Neuseeland, Papua-Neuguinea und Tahiti.

JANE LEBT IN AUSTRALIEN

Jane wohnt auf der größten Insel der Welt: Australien. Die meisten Australier leben an der Küste, da im Landesinnern weite Wüsten liegen.

Sydney ist eine der größten Städte Australiens.

Australien ist das Land der Kängurus. Sie leben nur dort.

In den Wäldern kann man herrliche Papageien bewundern und kuschelige Koalas mit ihren runden Köpfen und den großen Ohren sehen.

JANES FREIZEIT

Viele Australier leben an der Küste. Sie sind sportbegeistert und lieben Picknicke am Strand.

Janes Familie isst häufig im Freien. Das Grillen ist bei den Australiern sehr beliebt. Häufig verabreden sie sich zum Grillen und jeder bringt etwas mit wie Würste, Hähnchen, Steaks oder Fisch. Sie nehmen ihre Grillsachen sogar mit zum Strand. Gegrillt wird überall.

Die Surfer haben ihren Spaß mit den großen Wellen.

Am Abend schickt Jane über das Internet eine Mail an ihren Cousin.

DIE FESTE

In Ozeanien liegt Weihnachten mitten im Sommer, doch das hindert die Australier nicht daran, das große Fest zu feiern.

Welch eine Hitze am 25. Dezember! Einige Familien wie auch die von Jane feiern Weihnachten am Strand. Ihre Mutter packt kalten Truthahn, Salate und Pudding ein. Zuhause warten die Geschenke unter dem Tannenbaum.

Am Nationalfeiertag schminkt man sich in den Farben des Landes.

In Sydney findet im September das Drachenfest statt.

JANE BESUCHT IHREN COUSIN AUF DER FARM

Jane besucht ihren Cousin William, der auf einer abgelegenen Farm, weit weg von den Städten, lebt. Die Farm erzeugt ihren eigenen Strom.

Janes Onkel ist Viehzüchter. Da seine Herde riesig und über mehrere Kilometer verstreut ist, benutzt er zur Überwachung einen Hubschrauber.

Jane und William sehen bei der Schafschur zu. Das geht fix!

Wird jemand ernsthaft krank, kommt ein Arzt mit dem Flugzeug.

Im Landesinnern werden die meisten Waren mit riesigen Lastzügen (Road Trains) transportiert. An den Zugmaschinen hängen drei bis fünf Anhänger. Auf den langen Pisten fahren sie bis zu 100 km/h schnell.

Einige Rinder werden zum Schlachthof gebracht. Sie werden in die Anhänger des Lastzugs getrieben. Die Reise ist für die Tiere häufig lang und beschwerlich, da es sehr heiß ist.

William spricht per Funk mit seiner Lehrerin. Er geht nicht zur Schule.

Jane besichtigt Ayers Rock, den heiligen Berg der Aborigines.

DIE ABORIGINES

Die Aborigines sind die Ureinwohner Australiens.
Früher waren sie Jäger, Sammler und Fischer.

Das ist die Familie von Djalu. Viele Aborigines verließen ihre Heimat und zogen auf der Suche nach Arbeit in die großen Städte. Djalu lernt von seinen Eltern dennoch einige Traditionen seines Volkes.

Djalu wirft einen Bumerang, mit dem man früher Vögel jagte.

Djalu lernt, wie man Fische mit einer Lanze fängt.

Wenn die Aborigines tanzen und singen, nehmen sie dabei Kontakt zu den Ahnen auf und erzählen die Geschichte von der Entstehung der Welt. Die Künstler malen häufig Bilder mit Motiven aus diesen Legenden.

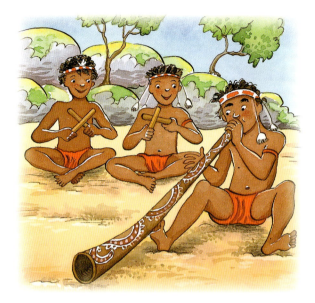

Das lange Blasinstrument Didgeridoo erzeugt tiefe, melodische Töne.

Am ganzen Körper bemalt vollführt Djalu einen traditionellen Tanz.

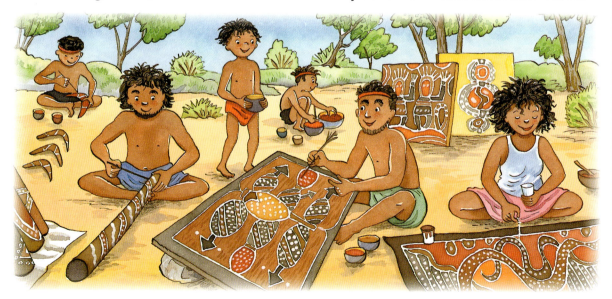

Die Künstler verwenden vor allem die Farben Rot, Schwarz, Gelb und Weiß, die sie durch Zermahlen von Steinen und Pflanzen gewinnen.

BEI ANGUS IN NEUSEELAND

Angus ist ein „Kiwi". So nennen sich die Neuseeländer! Sein Land umfasst mehrere Inseln und so sind die Berge und das Meer nie weit.

Angus Vater ist Viehzüchter. Er hat Tausende von Schafen. Er baut auch Kiwis an, die kleinen Früchte mit dem grünen süßen Fruchtfleisch.

Die Maori, die Ureinwohner Neuseelands, feiern ein Fest.

Angus wird eines Tages vielleicht im Team der All Blacks spielen.

ANIATA, EIN MÄDCHEN AUS TAHITI

Aniata ist aus Französisch-Polynesien. Sie lebt auf Tahiti, einer Insel, die aus zwei erloschenen Vulkanen entstanden ist. Sie wohnt nah am Strand.

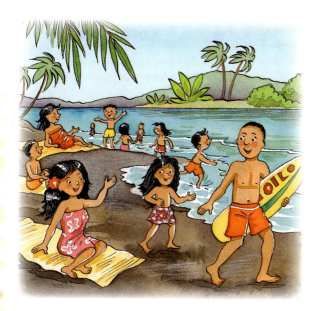

Einige Strände haben schwarzen Sand.

Vom Flugzeug aus erkennt man die Schönheit der Inseln.

Aniata erfrischt sich in den Wasserfällen …

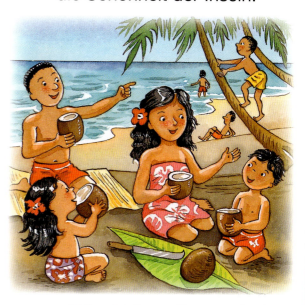

… und löscht ihren Durst mit dem Wasser der Kokosnuss.

Jedes Jahr wartet Aniata ungeduldig auf den Juli, da in diesem Monat viele Feste mit Gesängen, Tänzen, Pirogenrennen, Speerwurfwettbewerben und anderen Attraktionen stattfinden.

Aniata lernt die Tänze ihres Landes.

Den ganzen Juli finden Pirogenrennen statt.

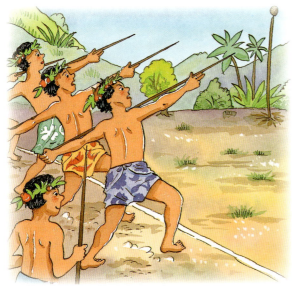

Der Speer muss eine Kokosnuss auf einem Pfosten treffen.

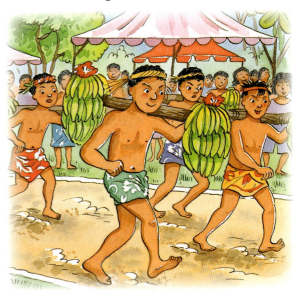

Die Träger mit ihren Früchten müssen möglichst schnell laufen.

PADDO AUS PAPUA-NEUGUINEA

Paddo gehört zum Volk der Papua. In seinem Land gibt es Berge, Vulkane, Wälder und Hunderte von Inseln.

Sein Land ist von tropischem Regenwald bedeckt. Paddo lebt im Herzen des Waldes. Sein Haus liegt hoch oben in den Bäumen.

Paddos Vater jagt manchmal den Kuskus wegen des Pelzes.

Der Paradiesvogel mit seinen langen Federn ist prachtvoll.

Die Mitglieder von Paddos Stamm sind Jäger, Sammler und Fischer. Über dem Holzfeuer grillt seine Mutter Insektenlarven und manchmal auch Echsen.

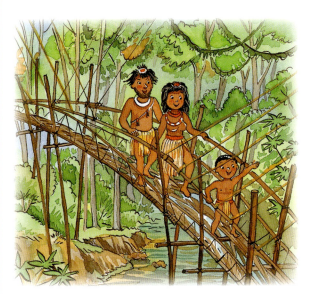

Paddo geht nicht zur Schule. Die Dorfältesten lehren ihn alles, was er im Leben wissen muss. Er spricht die Sprache seines Stammes. Andere Kinder, die in der Nähe der Hauptstadt wohnen, gehen dort zur Schule und lernen Englisch.

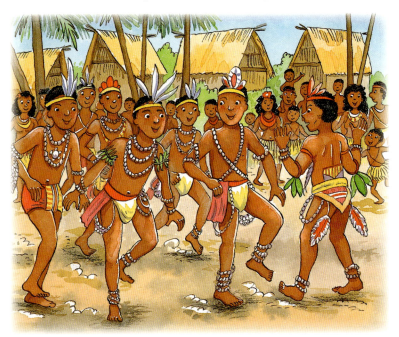

Die Papua veranstalten viele Feste. An diesen Tagen bemalen die Tänzer ihre Körper mit speziellen Motiven und schmücken sich mit ihren schönsten Federn. Die Muschelketten, die sie um den Hals tragen, dienen als Währung bei den Tauschgeschäften mit anderen Stämmen.